글 **윤은주**

어릴 때 차별이나 불평등한 규칙에 몹시 불만이 많은 여자아이였어요. 차별에 맞서서 정말 괜찮은 사람이 되겠다고 다짐했지만, 아직 그다지 멋진 사람이 되지 못한 것 같아서 어린 시절의 나에게 부끄러운 마음을 가지고 있습니다. 그 부끄러움을 조금이라도 덜고 더 나은 사람이 되기 위해 할머니가 될 때까지 열심히 노력하려고 해요. 쓴 책으로는 『음식, 잘 먹는 법』『입맛 당기는 별별 세계 음식』이 있습니다.

그림 **이해정**

'여성스럽게' 말하고 행동하는 게 늘 어려웠어요. 이 책에 그림을 그리면서 그동안 내가 얼마나 성별이라는 틀에 얽매여 있었는지 다시금 느꼈어요. 어린이들이 '여자다움' '남자다움'이라는 틀에 갇히지 않았으면 좋겠다고, 스스로를 마음껏 뽐내고 자신만만하게 살아갔으면 좋겠다고 진심으로 생각했답니다.
쓰고 그린 책으로『어슬렁어슬렁 동네 관찰기』가 있고, 그린 책으로『옷, 잘 입는 법』『한국 스포츠 최초의 영웅들』『어린이 페미니즘 학교』『이상희 선생님이 들려주는 인류 이야기』『누가 초콜릿을 만들까』 『어린이를 위해 어린이가 뭉쳤다』『습지는 숨 쉬는 땅이야』 등이 있습니다.

감수 **서한솔**

식물, 고양이, 인테리어를 좋아하는 페미니스트 교사. 성평등 교육을 연구하는 교사 모임 '초등성평등연구회'의 일원으로 성평등 교육에 대한 희망을 담은 글을 씁니다.

★ 자신만만 생활책 ★

소녀와 소년 멋진 사람이 되는 법

2019년 9월 20일 1판 1쇄
2023년 12월 10일 1판 8쇄

ⓒ윤은주, 이해정, 곰곰 2019

글 : 윤은주 | 그림 : 이해정 | 기획·편집 : 곰곰_전미경, 안지혜 | 디자인 : 권석연 | 편집관리 : 그림책팀
제작 : 박흥기 | 마케팅 : 이병규, 양현범, 이장열, 김지원 | 홍보 : 조민희 | 인쇄 : (주)로얄프로세스 | 제책 : 책다움
펴낸이 : 강맑실 | 펴낸곳 : (주)사계절출판사 | 등록 : 제406-2003-034호
주소 : (우)10881 경기도 파주시 회동길 252
전화 : 031)955-8588, 8558 | 전송 : 마케팅부 031)955-8595 편집부 031)955-8596
홈페이지 : www.sakyejul.net | 전자우편 : picturebook@sakyejul.com
페이스북 : facebook.com/sakyejulpicture | 트위터 : twitter.com/sakyejul
블로그 : blog.naver.com/skjmail | 인스타그램 : sakyejul_picturebook

값은 뒤표지에 적혀 있습니다. 잘못 만든 책은 구입하신 서점에서 바꾸어 드립니다.
사계절출판사는 성장의 의미를 생각합니다. 사계절출판사는 독자 여러분의 의견에 늘 귀 기울이고 있습니다.

ISBN 979-11-6094-504-1 74370 ISBN 978-89-5828-445-1 74370(세트)

자신만만 생활책

윤은주 글 ★ 이해정 그림

소녀와 소년

멋진 사람이 되는 법

사계절

어린이가 멋진 사람이 되려면 어떻게 해야 할까?
"여자는 여자다워야 한다." "남자는 남자다워야 한다."는 말 들어 봤어?
안 들어 봤어도 무슨 뜻인지는 대강 알겠지?
'여자나 남자가 해야 할 행동'이 따로 정해져 있다는 말이야.
나는 '어떤' 행동을 할 때마다 여자답지 못하다고 잔소리를 들었지. 어떤 행동이냐고?

이런 행동을 할 때

오빠나 남동생이 맨날 하는 행동인데, 내가 하면 훨씬 더
잔소리를 많이 들었어. 여자답지 못하다고 말이야.
애초에 '여자는 이렇게 해야 한다.' '이렇게 하면 안 된다.'는 걸 누가 정한 거야?

남자아이로 살면서 억울하고 속상한 일은 없을까?

"에이, 남자가 그것도 못 해?" "역시 남자라서 잘 참네."

"남자는 씩씩해야지!" "에비, 남자가 그런 거 하면 못써!"

남자로 태어나서 이런 말을 한 번도 들어 보지 않았다면 정말 운이 좋은 거야.

힘이 약한 건 부끄러운 거고

머리핀을 꽂아 보고 싶어도 안 된다 하고

섬세하면 사내 녀석이 예민해서 큰일이라 하고

귀여운 인형을 좋아하면 남자답지 못하다 하고

성공해서 집안과 부모님의 자랑거리가 되어야 한다는 말.

자꾸 이런 말들을 들으면 얼마나 부담스럽고 피곤할까?
자라면서 이런 말을 계속 듣는다면 남자아이든 여자아이든 멋진 사람이 되기란 삶은 호박에서 싹이 트길 기대하는 거랑 똑같지.

그럼 어떻게 해야 할까?

일단 뭐가 잘못인지 알아야겠지. 지금과는
조금 다르게 세상을 보는 법을 함께 알아보자.

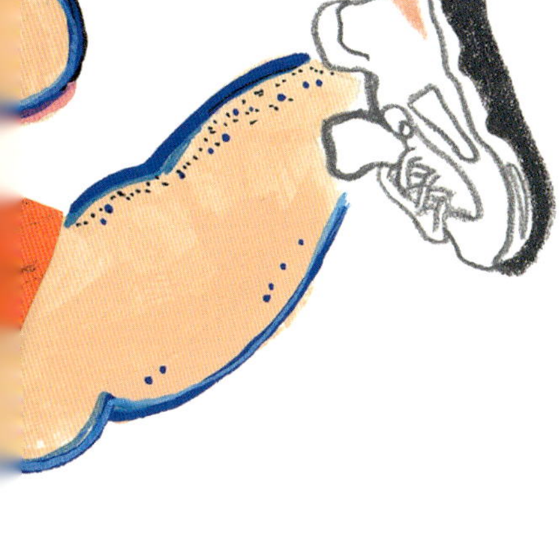

아, 내가 누구냐고?

나는 세상 사람들이
'당연하다고 여기는 생각'에
'왜?' 하고
캐묻는 걸 좋아하는 호미 언니야,
하하하하하.

여자아이들에게 8

쉽게 양보하지 마 9

본보기가 되는 여자들을 찾자 10

내 몸을 있는 그대로 사랑하기 12

자꾸 왜냐고 물어보자 14

칭찬에 매달리지 않는 소녀가 되자 15

너의 방식으로 세상을 바꿔 보자 16

'아니' '싫어'라고 말하자 17

예쁘다는 말을 사양하자 18

손을 들자 20

싸움을 두려워하지 마 21

남자아이들에게 22

다정한 소년이 되자 23

당당하게 겁 많은 사람이 되자 23

잘 씻고 자주 갈아입자 24

펑펑 울자 25

소년이여, 작은 꿈을 꾸자 26

말로 하자 27

상처받았다고 표현하자 27

소년이여, 밥을 하자 28

아빠를 바꾸자 29

내가 선 곳이 어디인지 알자 30

멋진 사람이 되고 싶은 너희에게 32

우리가 사는 세상 속 여자와 남자 34

직업을 택할 때 35

만화 캐릭터 36

겉모습 36

장난감 37

우리 집의 여자와 남자 38

여자의 몸, 남자의 몸? 40

남자가 여자보다 근육이 많아? 그래서? 42

몸에도 기준이 있을까? 44

여자랑 남자는 좋아하는 것도 다를까? 46

우리도 연애할 거예요 48

여자아이들에게

여자다워야 한다는 말은 자기가 원하는 대로
당당하게 행동하고 싶은 여자아이들을 주춤거리게 해.
"이상한 애라고 손가락질할지도 몰라."
"아무도 나를 좋아하지 않으면 어쩌지?"
맞아, 그런 걱정이 들 수 있어. 세상 사람들의 말과 생각에 맞서는 건
아주 힘든 일이거든. 한 번에 성공할 수 없다 해도
자꾸 시도해 보고 도전하는 게 중요해.

쉽게 양보하지 마

양보는 정말 칭찬받을 만한 행동이야. 나보다 약한 사람에게 자리를 양보하고, 나보다 급한 사람에게 순서를 양보하고, 나눌 수 있는 것들을 혼자만 차지하지 않는 소중하고 아름다운 마음이야.

하지만 네가 오랫동안 준비하고 기다려 온 기회,
네 실력을 발휘할 수 있는 자리를 쉽게 양보하지 마!
반 대표 달리기 선수가 되고 싶어? 맨 앞줄 가운데에서 춤추고 싶어?
너도 하고 싶다면, 다른 사람이 하고 싶어 한다고 먼저 포기하지 마.
해 보지도 않고 양보해 버리는 건 네 노력과 시간을 배신하는 거야.
지금 너에게 필요한 건 양보가 아니라 **자신감**이야.

본보기가 되는 여자들을 찾자

여자아이들에게 감동과 영감을 줄 여자들의 이야기를 찾아보자.
여자들이 해낸 일은 더 많이 알려져야 해.
옛날에는 남자들만 학교에 갈 수 있었어. 여자들은 집안일 말고는 다른 일을 할 기회가 없었지.
그러니 옛날 위인전 목록에 남자들만 있는 게 당연할지도 몰라.
그런 시대에도 놀라운 용기와 뛰어난 재능으로 세상을 바꾼 여자들이 많아.
우리가 몰랐던 끝내주는 여자들이 아주 많아서 깜짝 놀랄걸?

마리 퀴리

노벨상을 두 번이나 받은 물리학자이자 화학자야.
이렇게 뛰어난 과학자인데 대학 교수가 되지 못했고,
프랑스 왕립 과학 아카데미에도 들어가지 못했대.
왜냐고? 여자라서! 말도 안 되지?

베라 루빈

우주의 암흑 물질을 입증한 천체 과학자야.
대학생 시절부터 뛰어난 실력을 인정받았지만,
가고 싶었던 대학원에는 들어가지 못했어.
왜냐고? 여자라서! 그러거나 말거나 베라
루빈은 아이를 다섯이나 키우면서도 보란 듯이
박사 학위를 땄지. 온갖 보살핌을 다 받으면서
자기 공부만 하면 되는 남자 과학자들이랑
경쟁하면서 말이야.

이태영

우리나라 최초의 여자 법대생이고 최초의 여자 변호사야. 법을 다루는 일은 지금까지도 남자들이 차지하고 있어. 그러니 옛날에는 어땠겠어? 이태영 변호사는 여자를 동료로 인정하지 않는 학교와 사회 분위기에서도 엄청난 노력 끝에 변호사가 되었지. 억울한 일을 당하고도 법의 보호를 받지 못하는 여성들을 위해 평생을 노력했어.

에이다 러브레이스

최초의 컴퓨터 프로그래머야. 왜, 컴퓨터는 남자들만 잘하는 줄 알았어? 맨 처음 컴퓨터가 나왔을 때는 프로그램 짜는 일을 여자들이 했어. 뒷날 컴퓨터 쪽 일이 생각보다 중요해지니까 남자들이 여자들을 쫓아내고 그 일을 차지해 버렸지.

베르타 벤츠

최초의 자동차를 타고 인류 최초로 장거리 운전에 성공했어. 베르타 벤츠의 남편인 카를 벤츠는 자동차를 만들어 놓고도 막상 장거리 운전을 시험할 엄두를 내지 못했어. 모두가 겁내고 망설이기만 하던 프로젝트를 성공시킨 사람이 바로 베르타 벤츠야. 여자는 원래 남자보다 운전을 못한다고? 베르타 선생님이 무덤에서 벌떡 일어날 소리야.

내 몸을 있는 그대로 사랑하기

여자아이들은 몸을 드러내는 게 부끄러운 거라고 교육을 받아.
남에게 보이지 않게 잘 숨겨야 하고, 몸에 관해 이야기하는 것도 금지야.

우리 몸은 아무 잘못이 없고,
당연히 좋고 나쁨도 없어. 내 몸을 잘
들여다보고 잘 쓰다듬어 주고 지금 모습
그대로 사랑하자. 몸은 곧 나 자신이야.
내가 내 몸을 싫어하는 건
나 자신을 싫어하는 것이나 마찬가지야.

여자가 갖추어야 할 좋은 몸이라고?

피부
티 없이 하얗고 부드러워야 함.

머리통과 얼굴
작아야 함.

머리카락
길어야 함.

배
홀쭉해야 함.

허리
잘록해야 함.

팔다리
가늘고 길어야 함.

발
작아야 함.

하지만 마네킹 같은 몸이 더 예뻐 보이는데요?

맞아. 우리는 세상 속에서 살아가고 있으니까 세상이 만든 기준을 무시하기가 쉽지 않아. 하지만 생각해 봐. 몸이 꼭 예뻐야 할까? 특히 여자의 몸은 왜 그렇게 비현실적인 기준으로 평가를 받게 됐을까? '예쁨'이라는 기준으로 몸을 평가하는 건 이제 그만두자.

자꾸 왜냐고 물어보자

어른들 말이 다 맞을 거라고 생각하는 어린이도 있나? 어른들은 어린이들보다
많이 배우고 경험도 많아서 아는 것도 많아. 그렇다고 어른이 다 옳다는 뜻은 아니야.
어른도 틀릴 때가 있어. 그러니 어른의 말이 이상하다고 생각되면 왜냐고 물어보자.

너한테 피곤한 애라고 할지도 몰라.
하지만 두려워할 필요 없어.
다른 사람이 너를 어떻게 생각할지
걱정된다고 궁금한 걸 참지 마.

하지만 어른들이 말대꾸한다고 꾸짖으면 무서운걸요.

왜냐고 물었을 뿐인데 어린이에게 겁을 주는 어른도 있지.
어린이가 그런 어른을 직접 상대하는 건 적절하지 않아.
그런 어른이라면 피하는 게 좋아. 하지만 말이 통하는 어른이 생각보다 많아.
미리 겁먹고 질문을 포기하지 마.

칭찬에 매달리지 않는 소녀가 되자

칭찬 듣는 걸 싫어하는 사람은 거의 없을 거야.
수학 문제를 잘 풀거나 뭘 뛰어나게 잘하면 칭찬을 받지. 문제는 그게 쉽지가 않다는 거야.
결국 칭찬과 사랑에 목마른 아이들은 하고 싶은 걸 양보하거나 하기 싫은 일을 하게 되지.
그러면 착한 어린이라는 칭찬을 받을 수 있거든.

정말 그렇게 하고 싶어서 했다면
아무 문제 없지. 칭찬받기 위해 하는 게
문제라는 거야. 칭찬을 받으려고 하기 싫은 걸
자꾸 하면 사람들은 네가 좋아서 하는 줄 알아.
다른 사람들을 위해 꾹 참았던 네 마음도 모르고 말이야.

너의 방식으로 세상을 바꿔 보자

인기 많은 장난감 레고에는 멋진 인형이 아주 많아.
영웅, 과학자, 엔지니어, 탐험가 인형들이 세상을 구하고,
놀라운 걸 만들고, 끝내주는 묘기를 펼치고, 재미있는 모험을 떠나지.
그런데 그 모험에 여자는 없어. 영웅도 악당도 거의 다 남자야.
여자 인형들은 파티를 하거나 쇼핑을 하고, 요리를 하고, 아기를 돌봐.
설마 여자들이 이런 것만 좋아한다고 생각하는 건 아니겠지?

샬럿의 방식

샬럿은 속상했어. 재미있고 중요한 건 남자 인형들만 하는 것 같았거든.
그래서 어떻게 했게? 레고 회사에 편지를 썼어. 신나고 재미있고 중요한 일을 하는 여자 인형들을 더 많이 만들어 달라고 말이야.
레고 회사는 샬럿의 말대로 여자 과학자 세트를 만들었어. 그리고 그 인형들은 정말 불티나게 팔려 나갔어. 멋진 여자 과학자 레고 인형을 가지고 싶었던 아이가 샬럿 말고도 아주 많았다는 뜻이지.

샬럿 덕분에 어린이도 세상을 바꿀 수 있다는 걸 알게 됐지?

레고 회사에게

제 이름은 샬럿이고 일곱 살이에요. 오늘 장난감 가게에 가서 레고를 봤는데 여자는 분홍, 남자는 파랑으로 되어 있었어요. 여자들은 다 집에 있거나 바닷가에 가거나 쇼핑을 하고, 직업도 없었어요. 하지만 남자들은 모험을 하고, 생명을 구하고, 직업도 있고, 상어랑 수영도 했어요. 여자 레고를 더 많이 만들어 주세요. 그리고 여자 레고들이 모험도 하고 더 재밌게 살았으면 좋겠어요. 아시겠죠? 고맙습니다.

샬럿 씀

'아니' '싫어'라고 말하자

말을 잘 듣는 여자아이들은 싫다는 말을 잘 하지 않아.
모든 일이 다 마음에 들어서 그럴 리는 없잖아.
싫다고 하면 기분 나빠할까 봐, 섭섭해할 것 같아서 거절하지 않는 거야.
상대가 무섭고 강한 사람일 때는 싫다고 하기가 더 어려워.
굉장한 용기가 필요하지. 위험을 무릅쓰고 싫다고 말할 필요는 없어.
그렇다고 계속 참고 살 수는 없잖아. 말할 수 있을 때는 분명하게 말해 보자.

이유 따위는 없다!

싫다고 할 때 꼭 이유를 말할 필요는 없어.
그냥 싫은 것도 싫은 거야.

예쁘다는 말을 사양하자

예쁘다는 말을 들으면 기분이 좋잖아. 그런데 왜 사양하라는 거냐고?
할머니가 너를 보면서 "우리 강아지가 제일 예쁘지." 할 때 예쁜 거랑 낯선 사람이 "너 제법 예쁘게 생겼구나." 할 때 예쁜 거는 완전히 달라. 오직 얼굴과 몸만 보고 예쁘다고 하는 말은 너를 평가하는 말이야. 외모를 보고 점수를 매기는 것처럼 말이야.

누군가의 얼굴과 몸을 두고 자기가 보기에 예쁜지 안 예쁜지 평가하는 건 잘못된 거야. 우리 얼굴은 누군가가 이러쿵저러쿵 평가할 수 있는 대상이 아니야. 누구든 너에게 그런 말을 하지 못하게 하고, 너도 남에게 그런 말을 하지 말자.

이런 말은 기분 좋아

이런 말은 싫어!

손을 들자

"해 볼 사람?"
이런 말 들었을 때 번쩍 손을 들자. 물론 하고 싶을 때만.
"할까 말까? 해도 될까? 내가 할 수 있을까? 다른 애들이 하는 게 낫지 않을까?"
하고 싶은데 망설여질 때는 손을 들어. 실수할까 봐 겁나? 실수해도 돼. 아직 인생을 배우고 있는 어린이잖아. 잘난 척하는 것처럼 보일까 봐 그래? 잘난 척 좀 하면 어때?
해 보지도 않고 남들 일에 이러쿵저러쿵하는 것보다 좋다고!
눈치 보고 뒤로 빠져서 살기에는 세상에 재미있는 일이 얼마나 많은데!

싸움을 두려워하지 마

아무하고나 막 싸우라는 소리는 아니야.
너에게 잘못된 말과 행동을 하는 사람과 싸우는 걸 피하지 말라는 뜻이야.
싸움은 나쁜 거니까 잘못된 것도 다 참는다? 그건 결국 나도 그 잘못된 행동에 참여하게
되는 거야. 싸우지 않고 교양인답게 이야기할 수 있다면 더 좋지. 하지만 싸우는 것밖에
방법이 없을 때가 있어. 물론 크게 혼나고 기분만 상할 수도 있어. 하지만 네가 옳지 않은
일을 당했을 때 기꺼이 맞섰던 경험은 네 마음에 남아서 너를 지켜 주는 힘이 될 거야.

남자아이들에게

남자아이도 '남자답지' 않을 자유가 있어.
여자아이가 '여자답다'는 말에 얽매일 필요가 없는 것과 마찬가지야.
"남자가 울어? 사내답지 못하게." **마음대로 울 자유**
"당연히 이겨야지. 남자가 여자한테 지면 창피해서 어쩔 거야." **당당하게 질 자유**
"나중에 훌륭한 사람이 되어야 한다. 너는 우리 집 기둥이야." **대단한 사람이 되지 않을 자유**
"아유, 겁쟁이인가 보네. 남자가 용감해야지." **무섭다고 말할 자유**
이제껏 저런 말들을 들어 왔다면 지금부터 잊어도 좋아.
멋진 남자가 되는 길은 저런 생각이 틀렸다는 걸 아는 것부터 시작해.

다정한 소년이 되자

상남자, 터프가이, 이런 말이 유행하던 때가 있었어.
진정한 남자는 거칠게 행동하고, 무뚝뚝하게 말하고,
자기감정은 드러내는 게 아니래.
아무리 생각해도 이상하지? 남을 배려할 줄 모르고 제멋대로
행동하는 게 진정한 남자라니! 현실에서 만난다면 아무도
친하게 지내고 싶지 않을걸? 구닥다리 상남자는 버리고,
다정하고 따뜻한 사람이 되자. 누구라도 너랑 친구가 되고 싶어
할 거야. 다른 사람의 마음과 처지를 배려할 줄 아는 사람이
진짜 멋진 사람이지!

당당하게 겁 많은 사람이 되자

아찔하게 높은 곳에서 뛰어내릴 줄 알아야 하고,
어두운 곳에서도 주춤거리지 말아야 하고,
무서운 이야기 같은 건 우습다는 얼굴로
들어야 한다고, 그래야 남자라고 하는 사람들이
있어. 남자는 겁이 없어야 한다고 말이야.
아니야, '겁이 난다'는 건 위험에서
우리를 지키려는 보호 본능이야.
겁이 없다는 건 그 본능이 약하다는 뜻이야.
그런 게 어쩌다가 남자의 자랑거리가 됐을까?
그러다 다치기 쉽다고! 그런 본능이 강한 건 절대
부끄러운 일이 아니야. 겁이 나는 걸 감출 필요 없어.

잘 씻고 자주 갈아입자

어째서 털털하고 깔끔히 하지 않는 게 남자다운 거라고 생각하게 된 걸까?
씻는 걸 소홀히 하면 생각지도 못한 병에 걸릴 수도 있어.
화장실에서 나오기 전에 손을 씻자.
공중화장실에는 온갖 병균이 득실대. 그러니까 당연히 손을 씻어야지.
그 손으로 과자도 먹고, 친구 손도 잡고, 눈도 비빌 거잖아!
하루에 세 번 손을 씻으면 병을 예방하는 데도 도움이 돼.
몸이나 머리에서 냄새가 나지 않도록 자주 씻고 옷도 자주 갈아입자.
청결은 자신을 돌보는 첫걸음이야. 왜 남자한테만 이런 말을 하냐고?
여자아이들은 옛날부터 이미 많이 듣고 있거든.

펑펑 울자

남자는 태어나서 딱 세 번 운다는 말 들어 봤어?
태어날 때 한 번, 나라가 망했을 때 한 번, 부모님이 돌아가셨을 때 한 번,
그렇게만 울어야 한대. 이렇게 한심한 말이 또 있을까?

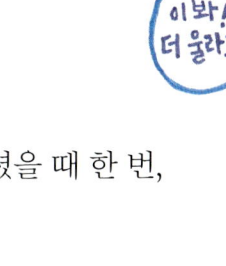

어린이는 원래 눈물이 많아. 여자든 남자든 똑같아.
아프고 슬프고 서러우면 우는 게 당연한 거야. 울자. 큰 소리로 엉엉 울고
훌쩍이며 울고 흐느끼며 울자. 사람은 누구나 울 자유가 있어! 물론 웃을 자유도 있고!
기분이 좋을 때, 재미있을 때는 웃자. 자기감정을 표현하는 건 좋은 일이야.

운다고 놀리는 아이들에 대처하는 방법

슬퍼서, 아파서, 서러워서, 억울해서 울고 있는 사람을 놀리는 아이들도 있지. 그런 인정머리 없는 애들한테는 다 울고 나서 꼭 얘기해 주자.

운다고 야단치는 어른들에 대처하는 방법

아마 그런 어른들은 어린이였던 시절이 너무 오래 전이라 다 잊었나 봐. 어린이는 원래 눈물이 많은 법이라고 알려 주자.

소년이여, 작은 꿈을 꾸자

"남자라면 커서 큰일을 해야지."
옛날에 남자아이들은 크면서 이런 말을 많이 들어야 했어. 근데 큰일이 뭘까?
돈을 엄청나게 많이 벌거나 사람들이 우러러보는 대단한 자리에 오르는 거?
어릴 때는 불 끄는 소방관이나 어린이집 선생님이 되고 싶어 했던 어린이들이
더 큰 꿈을 가져야 한다는 말 때문에 소중한 나만의 꿈을 포기하곤 해.
그럴 필요 없어. 꿈은 내가 정하는 거야.

남들이 비웃으면 어떻게 해요?

남의 꿈을 비웃는 사람을 우리가 비웃어 주자.
하하하하하하하하!

큰 꿈이 좋은 사람은 어떻게 해요?

뭐가 문제야! 당연히 큰 꿈을 꾸면 돼!
주욱 계속해. 힘내!

나는 꿈이 없어요. 그러면 안 되나요?

안 되긴! 어른 중에도 아직 꿈을 정하지 않은 사람이
아주 많아. 그리고 사실 꿈이 꼭 어떤 직업일 필요는 없어.
어릴 적 내 꿈은 세계 여행이었고 아직 이루지 못했어.
지금 꿈은 세상 맛있는 음식 다 먹어 보는 거야!
아, 꿈이 너무 큰가?

말로 하자

이것은 진짜 중요한 건데, 하고 싶은 '말'은 '말'로 하자.
"이게 뭔 소리야? 말을 말로 하지, 그럼 뭘로 해?"
그래, 너무 당연한 소리잖아. 근데 말을 말로 하지 않고
몸으로 하는 남자아이들이 많아. '고마워'라고 말하는
대신 툭 치고, 미안해도 툭 치고, 같이 놀고 싶다고
헤드록을 걸고, 알았다고 발로 차고, 좋다고 귀 잡고,
화가 나면 쾅 치고! 말로 해도 오해가 생기는데,
그렇게 툭툭 치기만 하면 네 마음을 전하기 어려워.
말은 말로 하는 소년이 되자!

상처받았다고 표현하자

몸이 아플 땐 아프다고 잘 말하면서, 마음이 아플 땐 숨기려는 사람이 많아.
특히, 남자는 그런 티를 내면 안 된다면서 말이야. 남자가 뭘 그렇게 예민하게 구냐고 할까 봐
속상해도 참는 사람이 많아. 서운하고 힘들면 괜찮은 척하지 말고 가까운 사람에게 말하자.
마음이 힘들다고, 위로가 필요하다고 말이야.

소년이여, 밥을 하자

요리를 하고 밥상을 차리고 설거지하는 법을 배우자.
옛날엔 남자가 부엌에 들어가면 큰일 난다고 했대. 요즘은 남자 요리사도 수두룩해.
집안일도 남자 여자 가리지 않고 다 같이 하는 집들이 많아.
아직도 남자는 부엌일을 좀 못해도 괜찮다, 어릴 때는 엄마가 해 주고
결혼하면 부인이 해 줄 거라고 생각하는 거야? 너무 엄청난 착각이야.
책임감 있는 사람이라면 자기가 살아가는 데 필요한 일은 스스로 할 줄 알아야 해.
그러니 자꾸 부엌에 들어가서 부엌 기술을 익히자.
자기 옷을 깨끗이 빨아 입을 줄 알아야 하는 것도 물론이야.

아빠를 바꾸자

아빠는 자라면서 '남자는 자고로 어쩌고저쩌고' 하는 말을 아주
많이 들었을 거야. 그래서 그 생각을 너희들에게 가르칠지도 몰라.
"남자는 강하고 씩씩해야지. 아빠처럼 말이야."
아빠는 좋은 말이라고 생각해서 해 주는 말이겠지.
하지만 남자가 강하고 씩씩할 필요는 없어.
보통은 어린이가 어른에게 배우지만, 어떤 문제는 어린이가 어른을 가르쳐야 할 때도 있어.
어른들의 머리는 종종 딱딱하게 굳어 있어서 새로운 생각이 잘 들어가지 않거든.
그러니 어린이가 나서서 말해 주자. 남자가 어쩌고저쩌고 하는 말에 매여 있으면
절대 멋진 남자가 될 수 없다고. 너무 늦기 전에 아빠가 멋진 사람이 될 수 있도록 돕자.

내가 선 곳이 어디인지 알자

밝은 곳에서는 어두운 곳이 잘 보이지 않아. 반대로 어두운 곳에서는 밝은 곳이 아주 잘 보여.
밝고 크고 강한 편에 속해 있으면 어둡고 작고 약한 편이 어떤지 모르기 쉬워.
지금 우리 사회에서 남자는 여자보다 강한 편에 속해. 물론 남자가 날 때부터
강하기 때문이 아니야. 여자들을 계속 억눌러 왔기 때문이야.

여자들은 좋은 일자리를 얻기도 더 어렵고, 같은 일을 해도 더 적은 월급을 받아.
심지어 아기를 임신하거나 낳으면 해고하는 회사들도 많아.
그렇게 하는 건 불법인데도 말이야. 부모의 신분, 타고난 피부색에 따라
차별하는 거나 성별에 따라 차별하는 거나 옳지 않기는 마찬가지야.
사회의 차별은 약한 편에 서 있는 사람들만의 힘으로는 바꾸기 어려워.
네가 어느 쪽에 서 있는지 알아야 해. 너에게 편하고 당연한 세상이
누군가에게는 불편하고 힘든 세상일 수 있다는 걸 깨닫는다면
평등한 세상을 위해 어떻게 해야 할지 알 수 있을 거야.

여자애들이 말도 더 잘하고 칭찬도 많이 받는데 무슨 소리예요?

선생님들이 여자아이들을 더 예뻐하는 것 같고, 성적도 여자아이들이 더 좋은데, 무슨 차별을
당한다는 건지 이해가 안 될 수도 있어. 남자아이들은 복도에서 뛴다고 혼나 나는데 말이야.
하지만 뉴스를 조금만 유심히 봐도 알 수 있어. 사회의 중요한 자리에 여자가 얼마나 적은지 말이야.
그 많던 여자아이들은 다 어디로 갔을까? 여자를 대상으로 한 흉악 범죄는 왜 그렇게 많을까?
생각해 보자.

멋진 사람이
되고 싶은 너희에게

여자든 남자든 괜찮은 사람, 쓸 만한 어른이 되어야 하는 건 마찬가지야.
그러니까 어떤 사람이 되라는 말은 성별을 나누어서 할 필요 없잖아.
그런데 그동안 그러지 않은 어른들이 많았어.
이런 여자가 되어라, 저런 남자가 되어라. 여자와 남자에게 다른 말을 했지.
이 책에서는 '이런'과 '저런'에 들어가는 말들을 한번 바꾸어 보았어.
너희가 평소에 많이 듣는 말은 빼고, 남자아이들이 자라면서 들어 보지 않은 말,
여자아이들이 평소에 듣지 못했던 말을 해 주고 싶었어.

어떤 사람이 멋진 사람일까?

내가 느끼고 생각하는 것을 잘 설명할 줄 아는 사람
그러면서도 남의 말에 귀 기울일 줄 아는 사람

도움과 관심이 필요한 사람들을
도울 줄 아는 사람

자기와 다른 사람을 봤을 때
참견하거나 지적하지 않고 존중할 줄 아는 사람

자기가 아는 걸 안다고 말하고
모르는 걸 모른다고 말할 줄 아는 사람

시간이 있을 때는 책을 읽는 사람

운동을 꾸준히 하는 사람

우리가 사는 세상 속 여자와 남자

지금 우리가 사는 세상은 남자, 여자, 성별을 이유로 차별하던
옛날과는 달라졌다고 해. 심지어 여자가 남자보다 위로 올라간 세상이 됐다고
혀를 끌끌 차는 사람도 많아. 정말 그럴까?
정말 차별이 없는 세상이라면 여자라서 또는 남자라서 할 수 없는 일이 없어야 해.
직업을 선택할 때는 물론이고 머리 모양이나 옷을 고를 때도 자유로워야 해.
그렇지 않다면 공정하고 자유로운 세상이라고 할 수 없어.

직업을 택할 때

커서 어떤 일을 하고 싶어? 물론 하고 싶다는 마음만으로 무슨 일이든
다 할 수 있는 건 아니지. 그 직업을 해낼 수 있는 능력을 갖추어야 해.
발레리나가 되고 싶다면 몸이 아주 유연해지도록 훈련을 해야 해. 검사가 되고 싶다면
어려운 법률 용어를 다 외울 수 있어야 하지. 하지만 그게 다일까?
조금씩 변하고는 있지만, 아직도 어떤 사람들은 여자, 남자가 할 일이 따로 있다고 생각해.
직업을 선택할 때 먼저 남자인지 여자인지 따져야 한다는 게 얼마나 이상한 일이야?
그 일을 할 수 있는지, 하고 싶은지가 더 중요한 거잖아. 그림을 보면서 한번 생각해 보자.
다음 그림들이 어색하다고 생각되는 사람? 왜 어색한지 생각해 봐.

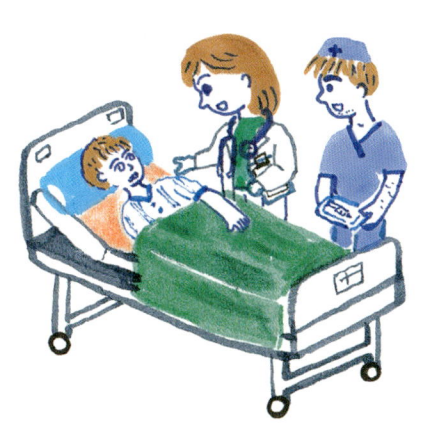

여자 의사, 남자 간호사

남자 어린이집 선생님,
여자 어린이집 버스 운전사

트랙터를 운전하는 여자 농부,
풀 베는 남자 농부

여자 비행기 조종사,
남자 승무원

여자 엔지니어,
남자 꽃집 점원

여자 프로그래머,
남자 상담원

만화 캐릭터

만화에서 중요하고 멋진 역할은 왜 다 남자가 하는 거야?
여자 캐릭터는 남자 주인공을 돕거나 방해하는 역할을 맡고 말이야.
여자아이들은 여자 영웅을 보면서 통쾌한 기분을 느낄 기회가 많지 않아.
너무 불공평하지 않아?

겉모습

남자 같은 옷? 여자 같은 머리? 너무 낡은 말이야.
지금이 신분제가 있던 조선시대도 아니잖아. 우리는 누구나
입고 싶은 옷을 입고, 하고 싶은 머리를 할 자유가 있어.

단지 내 스타일이 있을 뿐!

장난감

장난감도 여자아이용, 남자아이용으로 나뉘잖아. 장난감을 이렇게
나누는 것은 아주 심각한 문제야. 어릴 때부터 이런 구분을 하면
아이들의 머릿속에 여자와 남자에 대한 편견이 아주 당연하게 여겨져.
'여자는 소꿉놀이나 인형놀이를 하는 게 당연해.' '남자는 총싸움하고 축구하면서 놀아야지.'
이런 낡은 생각을 어른이 되어 고치려면 힘들다고.

우리 집의 여자와 남자

"나는 아침에 일어나 밥을 먹고 옷을 입고 학교에 갔다 와서,
저녁 먹고 숙제하고 강아지랑 놀다가 깨끗한 이불을 덮고 잔다."
아주 평범한 하루야. 그런데 이렇게 할 수 있으려면 누군가 밥을 하고,
빨래와 청소를 해야 해. 이 일을 누가 할까? 우리 집에서는 누가 하는지 점검해 보자.

옷을 세탁기에 넣고 빨아서 널고 갠 다음 옷장에 넣어 놓는 사람은?	여자 ☐ 남자 ☐	네가 가져갈 학교 준비물을 챙기는 사람은?	여자 ☐ 남자 ☐
사용한 수건을 빨고 널고 갠 다음 수건장에 넣어 놓는 사람은?	여자 ☐ 남자 ☐	청소기를 돌리는 사람은?	여자 ☐ 남자 ☐
아침밥을 하는 사람은?	여자 ☐ 남자 ☐	물걸레질을 하는 사람은?	여자 ☐ 남자 ☐
아침밥을 식탁에 차리고 밥 먹으라고 너를 부르는 사람은?	여자 ☐ 남자 ☐	저녁을 요리하는 사람은?	여자 ☐ 남자 ☐
아침밥을 먹고 난 그릇을 설거지하는 사람은?	여자 ☐ 남자 ☐	저녁상을 치우고 설거지하는 사람은?	여자 ☐ 남자 ☐
다음 식사를 위해 장을 보는 사람은?	여자 ☐ 남자 ☐	욕실을 치우는 사람은?	여자 ☐ 남자 ☐
쓰레기통을 비우고 새 쓰레기봉투를 끼우는 사람은?	여자 ☐ 남자 ☐	비누와 치약이 떨어졌는지 살펴보고 채워 놓는 사람은?	여자 ☐ 남자 ☐
너에게 문제가 있을 때 학교 선생님이 의논하는 사람은?	여자 ☐ 남자 ☐	식구들 생일이나 기념일을 기억하고 챙기는 사람은?	여자 ☐ 남자 ☐
네 숙제를 도와주는 사람은?	여자 ☐ 남자 ☐	너와 더 많은 시간을 함께 있는 사람은?	여자 ☐ 남자 ☐
		네가 고민이 있을 때 이야기를 나누는 사람은?	여자 ☐ 남자 ☐

집안일을 여자가 거의 다 맡고 있다면, 가족끼리 의논해 보는 게 좋지 않을까?
여자라는 이유만으로 육아와 집안일을 도맡는 게 과연 옳은지 말이야.

남자는 밖에서 돈을 버니까 집안일은 여자가 하는 게 공평하지 않아요?

전혀 공평하지 않아. 사람들은 돈을 버는 일이 훨씬 중요하고, 육아와 집안일은 하찮은 일이라고 생각해. 심지어 주부들에게 '집에서 논다'고 말하기도 해. 저 많은 일에 제대로 대가를 지불한다면 큰돈이 들 텐데 말이야. 그리고 맞벌이 부부라도 여자가 집안일을 훨씬 많이 해. 바깥일과 집안일과 육아를 다 하기가 너무 힘들어서 어쩔 수 없이 일을 그만두는 엄마도 많아. 돈을 누가 벌든, 육아와 집안일은 여자가 하는 게 당연하다는 생각이 문제인 거야.

여자의 몸, 남자의 몸?

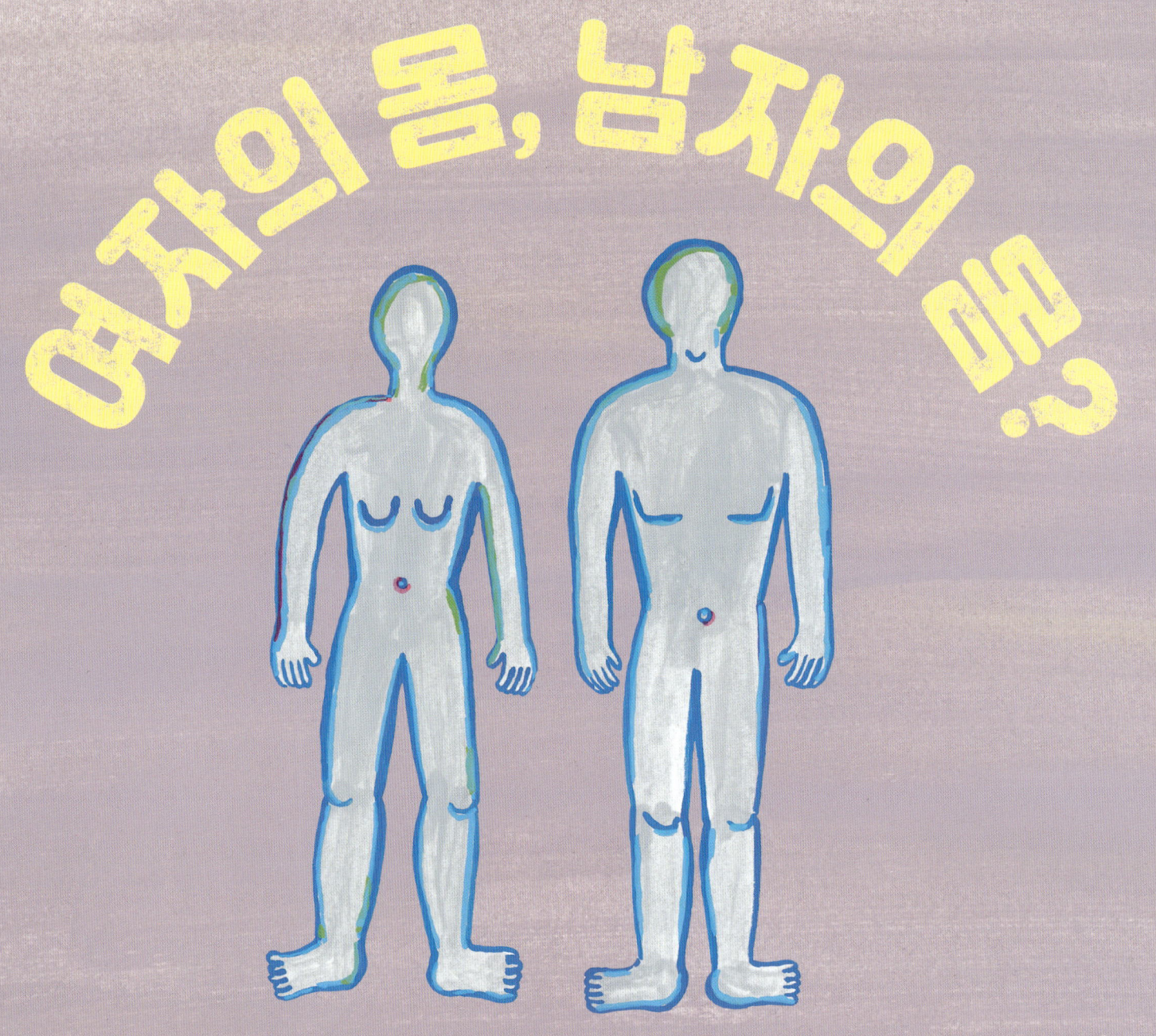

여자와 남자가 다른 가장 큰 이유가 몸 때문이라고 생각하는 사람도 있어.
여자와 남자는 몸의 특징이 다르기 때문에 다른 차이도 생긴다는 거야.
그래, 여자와 남자는 몸이 달라. 생식기의 모양이 다르고
가슴의 모양이나 크기도 다르고 말이야.
여자와 남자의 몸이 정말 얼마나 다른지 한번 살펴보자.

아기의 몸

여자 아기인지 남자 아기인지 구별이 안 돼.

어린이의 몸

어린이도 큰 차이는 없어. 똑같은 옷을 입고 똑같은 머리 모양을 하면 누가 여자인지 남자인지 구별하기 어려울 거야.

사춘기의 몸

사춘기가 되면 여자랑 남자의 몸이 조금씩 달라지기 시작해.
"여자는 가슴이 발달하고 엉덩이가 커진다."
"남자는 수염이 나고 근육이 발달한다."
"겨드랑이와 생식기 주변에 털이 난다."
이렇게 몸이 조금씩 변화해.

남자가 여자보다 근육이 많아? 그래서?

운동을 열심히 하면 누구라도 근육을 키우고 힘을 기를 수 있어.
그러니까 강한 힘과 근육을 가진 여자도 많고, 작고 약한 남자도 얼마든지 많지.
여자랑 남자의 몸이 다른 건 맞지만, 절대 바뀌지 않는 차이는 아니야.

차이가 있다 해도 그게 차별의 이유가 될 수 있을까?

정말 말도 안 되지? 몸의 특징이나 차이를 이유로 차별을 한다면
누구나 옳지 않다고 생각할 거야. 그렇다면 이건 어때?

엄청나게 오래전 옛날에는
힘이 더 센 사람이 사냥을 했겠지.
창과 도끼를 들고 사냥을 해야
고기를 먹을 수 있을 테니까.

역시 바깥일은 근육 많은 남자가 해야…

그때도 도끼 들고 창 들고 다닌 근육질 여자들이 분명 있었을걸?

그렇게 근육을 자랑하고 싶으면 보디빌딩 선수가 되어 보렴.

지금은 힘이 더 세다고 바깥에서 일을 하고, 힘이 덜 세다고 안에서 일을 하는 세상이 아니야. 그럼 사무실에서 하는 일들은 다 여자가 해야겠네? 이제는 근육의 힘만으로 일하지 않아도 돼. 온갖 도구와 기계의 도움을 받을 수 있거든. 그러니까 남자가 근육이 많다는 소리는 이제 그만!

사춘기가 되면 몸이 정말 확 바뀔까?

아니, 그렇지 않아. 가슴이 커지지 않은 여자아이, 가슴이 커지는 남자아이, 근육이 발달하지 않는 남자아이, 수염이 나는 여자아이들도 많아.
'난 뭐가 잘못된 건가?' '쟤는 좀 이상하지 않아?' 하고 걱정하기도 해. 당연히 아무것도 잘못되지 않았어. 사춘기가 천천히 오기도 하고, 변화가 적어서 눈에 잘 안 띄거나 변화의 폭이 커서 도드라져 보일 뿐이야. 모두에게 똑같은 사춘기가 오는 건 아니야.

몸에도 기준이 있을까?

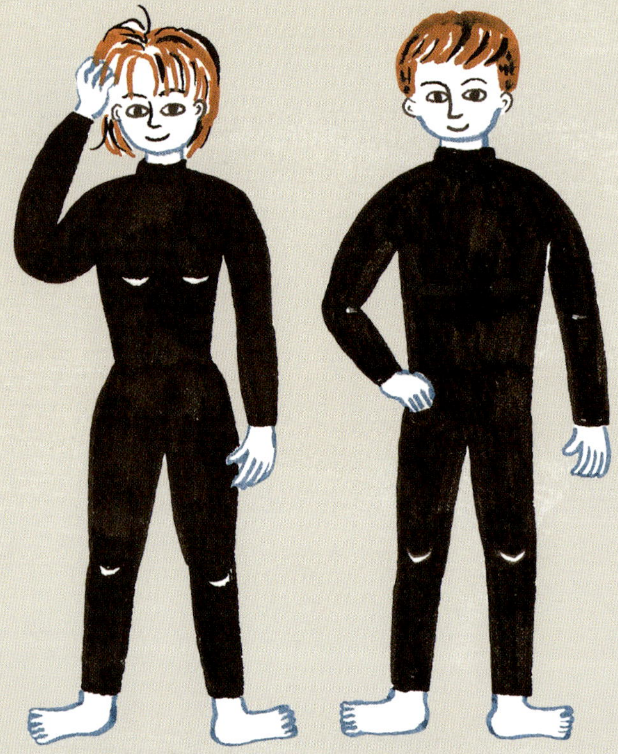

봐! 어떤 몸의 차이가 더 커 보여?
여자, 남자라는 차이보다 개인의 차이가 더 크지?
'여자의 몸은 이렇고, 남자의 몸은 저렇다.' 하고
정해 버리면 그 기준에서 벗어나는 몸은
모두 틀린 몸이 되고 말아.
여자, 남자 몸의 기준을 굳이 정해야 할까?
기준에 들어맞는 몸은 정말 적을 텐데 말이야.

세상에 똑같은 몸은 없어

어른과 아이도 몸이 다르잖아. 보통 어른은 아이보다 몸이 더 커.
팔다리도 더 길고, 털도 많고, 근육도 지방도 더 많아.
하지만 어떤 아이는 어떤 어른보다 클 수도 있어. 키와 몸집이 작은 어른도 있으니까.

남자와 남자

남자랑 남자도 알고 보면 달라.
머리 크기도 다르고, 키도 다르고, 몸집도 다르지.
팔, 다리, 발, 배꼽, 생식기 모양까지 모두 달라.

여자와 여자

여자랑 여자도 당연히 다르지.
머리 크기도 다르고, 키도 다르고, 몸집도 달라.
팔, 다리, 발, 배꼽, 생식기 모양까지 모두 달라.

사람과 사람

인종에 따라서도 달라. 황인, 흑인, 백인, 갈색 인종은
피부색부터 얼굴 생김새, 몸집도 다 다르니까.

사람과 외계인

외계인을 본 적은 없지만!

결론은 결국 다 다르다! 그러니까 타고난
몸의 특징으로 남자가 낫다, 여자가 못하다
평가하는 것은 맞지 않아!

여자랑 남자는 좋아하는 것도 다를까?

여자와 남자는 생각이나 취향이 원래부터 다르다고 말하는 사람이 있어.
원래 남자들은 어릴 때부터 바깥에서 뛰어노는 걸 좋아하고,
여자들은 집 안에서 노는 걸 좋아한대. 과연 맞을까?

여자는 축구하는 것을 싫어한다. 남자라면 축구는 다 좋아한다.

정말 모든 여자아이들이 축구를 싫어하고, 모든 남자아이들이 축구를 좋아할까? 축구를 좋아하는 사람을 한자리에 다 모으면, 남자가 여자보다 많을지도 몰라. 그렇다고 해도 저렇게 말하는 건 옳지 않아. 그렇게 말하면 축구를 좋아하는 여자, 축구를 좋아하지 않는 남자를 동시에 무시하는 거야.

여자는 분홍색을 좋아한다. 남자는 파란색을 좋아한다.

알고 보면 분홍색을 좋아하지 않는 여자, 파란색보다 분홍색을 좋아하는 남자도 많아. 이런 생각을 하는 것만으로도 남자와 여자 모두에게 손해야. 좋아하는 색을 마음대로 좋아하지 못하다니!

사람들은 저마다 다 달라. 그러니 사람을 겨우 여자, 남자 두 종류로만 나눠서 설명할 수 없어. 수많은 사람들이 좋아하는 다양한 색깔을 분홍색과 파란색으로 나누는 건 너무 어리석어. 그렇게 해서 좋은 점이 없거든!

엘사 여왕의 하늘색 드레스

엘사가 나오기 전까지 여자아이들은 하늘색이 남자아이들의 색깔인 줄 알았지. 하지만 여왕 엘사가 하늘색 드레스를 휘날리며 눈보라를 일으키는 장면을 보았어. 이제 하늘색은 남자의 색도 여자의 색도 아닌 그냥 '멋진' 색이 되었지.

우리도 연애할 거예요

연애, 말만 들어도 마음이 간질간질해지지 않니?
너희는 연애가 뭐라고 생각해? 보기만 해도 가슴이 두근두근?
손이라도 스치면 아찔한 기분? 딴 애랑 친하면 속상하고,
잠깐만 못 봐도 보고 싶고, 가까이 있고 싶고, 뭐든 같이 하고 싶고!
그런데 어린이가 연애를 해도 될까? 어떻게 해야 연애를 제대로 할 수 있을까?

연애와 우정은 어떻게 달라요?

가장 친한 단짝 친구 사이에 느끼는 감정이랑 연애하는 남자 친구, 여자 친구에게 느끼는 감정은 닮은 데가 많아. 제일 친한 친구가 다른 친구랑 더 많이 놀고 그 친구에게 더 신경 쓰면 속상할 때 있지? 나에게 특별히 더 잘해 주면 좋겠고, 함께 많은 시간을 보내고 싶은 건 비슷하지.
하지만 시도 때도 없이 보고 싶고, 언제 봐도 멋져 보이고, 생각만 해도 마음이 설렌다면 그건 연애 감정 아닐까?

손은 잡아도 되고 뽀뽀는 안 되는 이유가 뭐예요?

뽀뽀하면 안 된대? 아니야, 둘 다 서로 너무나 뽀뽀를 하고 싶다면 할 수 있어. '둘 다' 원할 때만. 이게 가장 중요해. 하기 싫다는 사람한테 억지로 하는 건 절대 안 돼. 그건 범죄야. 망설이는 사람한테 졸라서 하는 것도 안 돼. 상대를 좋아하지만 뽀뽀는 하기 싫은 사람도 있어. 반대로 내가 하기 싫을 때는 싫다고 정확하게 말해야 하고. 혹시 입 냄새 때문에 걱정이 된다고? 그건 평소에 관리를 잘해야 한다는 말씀.

고백은 남자가 해야 되나요?

여자가 먼저 고백을 하거나 좋아하는 티를 내면 안 된다고? 남자들은 자기감정을 솔직하게 표현하는 여자를 좋아하지 않는다고? 그러니까 얌전하게 남자가 고백해 주길 기다리고 튕기라고? 에이, 그게 뭐야. 그러다 마음에 드는 사람을 놓치면 어쩔 거야. 남자가 먼저 고백해야 된다는 법은 없어. 말하고 싶다면 하는 거야. 나는 너를 좋아해!

남자가 좀 거칠게 굴어야 멋져 보이나요?

아니! 절대로 그렇게 하면 안 돼! 그건 폭력이야. 좋아하는 사람에게 어떻게 하고 싶은지, 좋아하는 사람이 나에게 어떻게 해 주면 좋겠는지 생각해 봐. 따뜻하고, 다정하고, 친절하게 잘해 주면 돼.

여자애들은 좋으면서 싫다고 하는 거죠?

아니, '싫어'의 뜻은 '싫어'야. 좋아도 싫다고 말하는 사람들이 분명 있어. 그건 그 사람의 나쁜 습관이야. '싫다'는 건 '좋다'고 말하는 것보다 훨씬 강한 의미가 있어. 싫으니까 그만하라는 말이잖아. 혹시 누가 좋으면서 싫다고 말하는 것 같아도 일단 그 말을 믿어. 만약 정말 좋으면서도 싫다고 했다면, 그건 그 애가 치사한 거야.

남자끼리 여자끼리 좋아하는 거 이상한 거죠?

성적으로 이성에 끌리는 사람을 이성애자, 동성에 끌리는 사람을 동성애자라고 해. 아마도 너희들 대부분은 부모가 여자와 남자로 이루어진 가정에서 자랐을 거야. 그래서 여자끼리, 남자끼리 사랑한다는 게 이상하게 보일 수도 있어. 하지만 네가 자주 보지 못했을 뿐이야. 동성애자는 특별한 사람들이 아니야. 왜 동성애자가 됐냐는 말은 너는 왜 황인종이 됐냐는 말이랑 같아. 그냥 원래 그런 거야. 서로 좋아하는 사이에 성별은 중요하지 않아.

꼭 누굴 사귀어야 하나요?

아니야. 연애는 절대로 의무가 아니야! 초콜릿을 좋아하는 사람이 있고, 좋아하지 않는 사람이 있잖아. 연애도 그렇게 하면 돼. 하고 싶으면 하고! 하기 싫으면 하지 않는다! 남자 친구, 여자 친구 없이도 즐겁게 지내는 사람이 더 많아.

"어떤 사람이 멋진 사람이고,
어떤 세상이 좋은 세상일까?"
스스로 행복하게 사는 법을 알고,
다른 사람들의 행복할 권리를 존중할 줄 아는 사람!
누구나 평등하고 행복하게 살 수 있는 세상!
지금 우리가 사는 이 세상은 어때?
앞으로도 잘 지켜야 할 좋은 것들도 많지만
고치거나 버려야 하는 나쁜 것들도 그만큼이나 많아.

여성에 대한 차별도 하루 빨리 버려야 할 나쁜 점이야.
오랫동안 많은 사람들이 고치려고 노력했지만 아직도 갈 길이 멀어.
물론 한 사람의 힘으로 세상을 확 바꾸기는 어렵지.
하지만 어린이가 세상을 똑바로 보고 무엇이 잘못된 것인지 알면
앞으로 세상은 분명히 달라질 거야.
무엇이 잘못됐는지 아는 어린이들이 함께
목소리를 낸다면 말이야.